스핑크스와 피라미드

아프리카
이집트
기자

스핑크스는 사람의 머리와 사자의 몸을 한 상상의 동물이고, 피라미드는 고대 이집트의 왕 파라오와 왕족의 무덤이다. 고대 이집트에서는 왕의 권력을 상징하는 거대한 스핑크스 석상을 피라미드 앞에 세워 지키게 했다. 이집트 기자 지역에 있는 스핑크스는 일렬로 펼쳐진 것 중에서 가장 크고 오래되었다.

LANDMARK

조각조각 스티커

스티커컬러링
랜드마크 LANDMARK

애플비
applebeebooks

차례

각 나라의 문화와 역사가 담겨 있는 랜드마크를 완성하며
그 아름다움에 흠뻑 빠져 볼까요?

에펠 탑   4쪽   52조각

스핑크스와 피라미드   6쪽   52조각

자유의 여신상   8쪽   52조각

타지마할   10쪽   52조각

판테온   12쪽   52조각

만리장성   14쪽   52조각

이렇게 붙여요.

1 마음에 드는 그림을 고르고, 해당하는 스티커 페이지를 점선을 따라 뜯어요.

▶ 스티커는 29쪽

2 그림의 알파벳을 잘 보고 스티커 페이지에서 똑같은 색깔의 알파벳을 찾아 그림에 붙여요.

시드니 오페라 하우스 — 16쪽 (78조각)

콜로세움 — 18쪽 (78조각)

경복궁 광화문 — 20쪽 (78조각)

성 바실리 대성당 — 22쪽 (78조각)

타워 브리지 — 24쪽 (78조각)

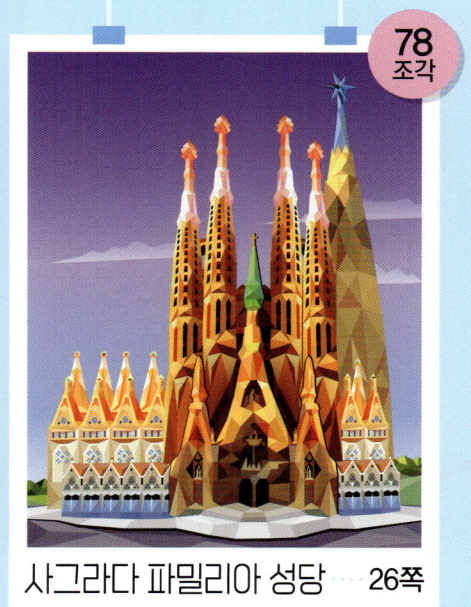

사그라다 파밀리아 성당 — 26쪽 (78조각)

유럽

프랑스

파리

에펠 탑

1889년 열린 파리 만국 박람회를 위해, 프랑스의 공학자 귀스타브 에펠이 설계하여 세운 탑이다. 처음에는 앙상한 철골로만 이루어진 모습이 파리의 경관을 해친다는 이유로 사람들에게 많은 비난을 받기도 했지만, 지금은 프랑스를 대표하는 가장 유명한 건축물이 되었다.

▶ 스티커는 29쪽

LANDMARK

북아메리카

미국
―――
뉴욕

자유의 여신상

미국의 독립 100주년을 기념하여 프랑스가 선물한 조각상으로, 1886년에 현재의 자리에 완공되었다. 왕관에 있는 일곱 개의 뿔은 세계의 일곱 대륙과 바다를, 오른손의 횃불은 자유의 빛을 상징한다. 왼손에 들고 있는 것은 미국 독립 선언서로, 독립 기념일인 '1776년 7월 4일'이 로마 숫자로 새겨져 있다.

▶ 스티커는 33쪽

LANDMARK

LANDMARK

타지마할

아시아 / 인도

무굴 제국의 황제였던 샤자한이 사랑하는 왕비 뭄타즈 마할을 추모하기 위해 만든 궁전 형식의 묘지이다. 2만 명이 넘는 기술공들을 동원하여 22년에 걸쳐 공사가 진행되었다. 좌우가 정확한 대칭을 이루고 있으며, 세기를 뛰어넘는 아름다움으로 전 세계에 명성을 떨치고 있다. 샤자한은 죽은 뒤 마할 옆에 함께 안장되었다.

▶ 스티커는 35쪽

LANDMARK

판테온

유럽 / 이탈리아 로마

그리스어로 판은 '모두'를, 테온은 '신'을 의미한다. 다시 말해 판테온은 로마의 모든 신들에게 바쳐진 신전이다. 기원전 27년에 처음 세워졌으나 불타 없어졌고, 기원후 118~125년경 다시 지어졌다. 가운데에 구멍이 뚫린 돔 모양의 지붕이 특징이며, 거대한 규모와 완벽한 균형으로 서양 건축사의 불후의 명작 중 하나로 꼽힌다.

▶ 스티커는 37쪽

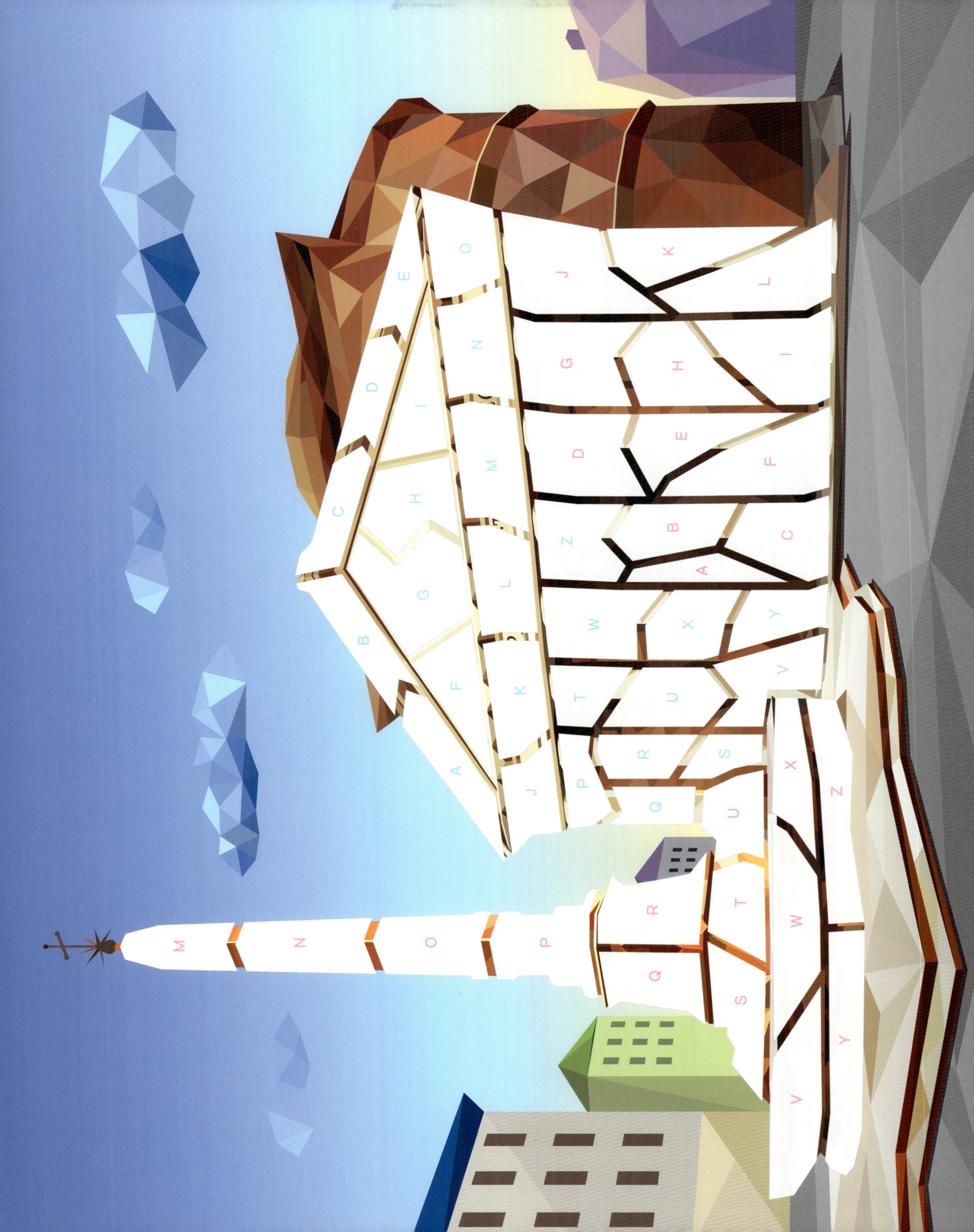

아시아

중국
랴오닝, 베이징
톈진 등

만리장성

춘추 전국 시대에 북방 유목 민족의 침입을 막기 위하여 각 나라가 만들어 둔 요새와 성벽을 기원전 214년경 진나라 시황이 연결하였다. 그 후 명나라 때까지 천 년이 넘는 시간 동안 계속해서 축조되고 보수된 성벽이며, 현재 남아 있는 장성은 대부분 명나라 때 지은 것이다. 자타공인 중국의 가장 유명한 건축물이다.

▶ 스티커는 39쪽

LANDMARK

시드니 오페라 하우스

국제 공모전을 통해 채택된 덴마크 건축가 예른 웃손의 디자인을 바탕으로 1973년에 준공되었다. 대담하고 혁신적인 디자인으로 건축에 많은 어려움이 있었고 건설 기간과 비용도 엄청나게 소요되었으나, 완공 후 호주를 상징하는 랜드마크가 되었다. 서로 맞물리는 하얀 조가비 모양 지붕과 해안 배경이 어우러져 절경을 이룬다.

오세아니아
오스트레일리아
시드니

LANDMARK

16
▶ 스티커는 41쪽

콜로세움

기원후 72년에 베스파시아누스 황제가 짓기 시작하여 80년경에 그의 아들 티투스 황제가 완성시켰다. 약 5만 명의 관객을 수용할 수 있는 원형 경기장으로, 검투사들의 경투나 사자와 호랑이 같은 맹수와의 싸움 등이 벌어졌고 경기장 가운데에 물을 채워 모의 해전을 벌였다는 기록도 있다. 지진과 도난 등으로 많은 부분 파손되고 현재는 전체의 1/3 정도만 남아 있다.

유럽
이탈리아
로마

LANDMARK

스티커는 43쪽

경복궁 광화문

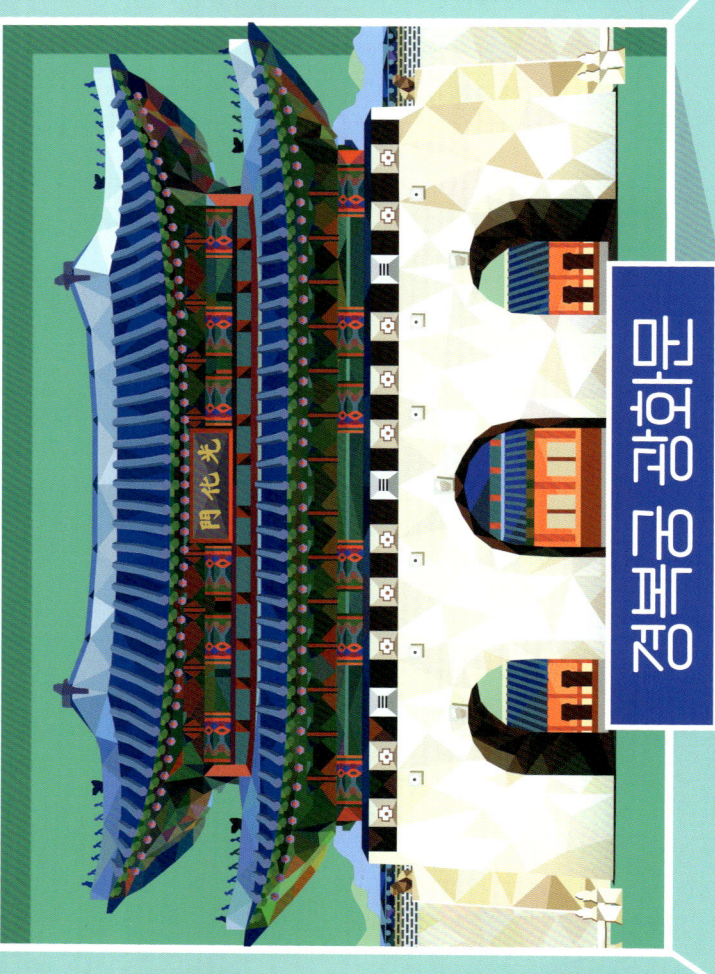

조선 시대의 궁궐인 경복궁의 남쪽 정문이다. 임진왜란 때 소실되고 일제 강점기 때 이전되는 등 여러 시련을 겪다가, 현재는 고종 때의 모습으로 복원하여 제자리를 되찾았다. 아래쪽에는 둥근 천장의 홍예문이 세 개 있는데, 가운데는 왕이 양쪽은 신하들이 이용하였다. 섬세하면서도 동시에 웅장하고 아름다워 우리나라의 위엄과 당당함을 잘 보여 주는 랜드마크로 꼽힌다.

대한민국 — 서울

아시아

LANDMARK

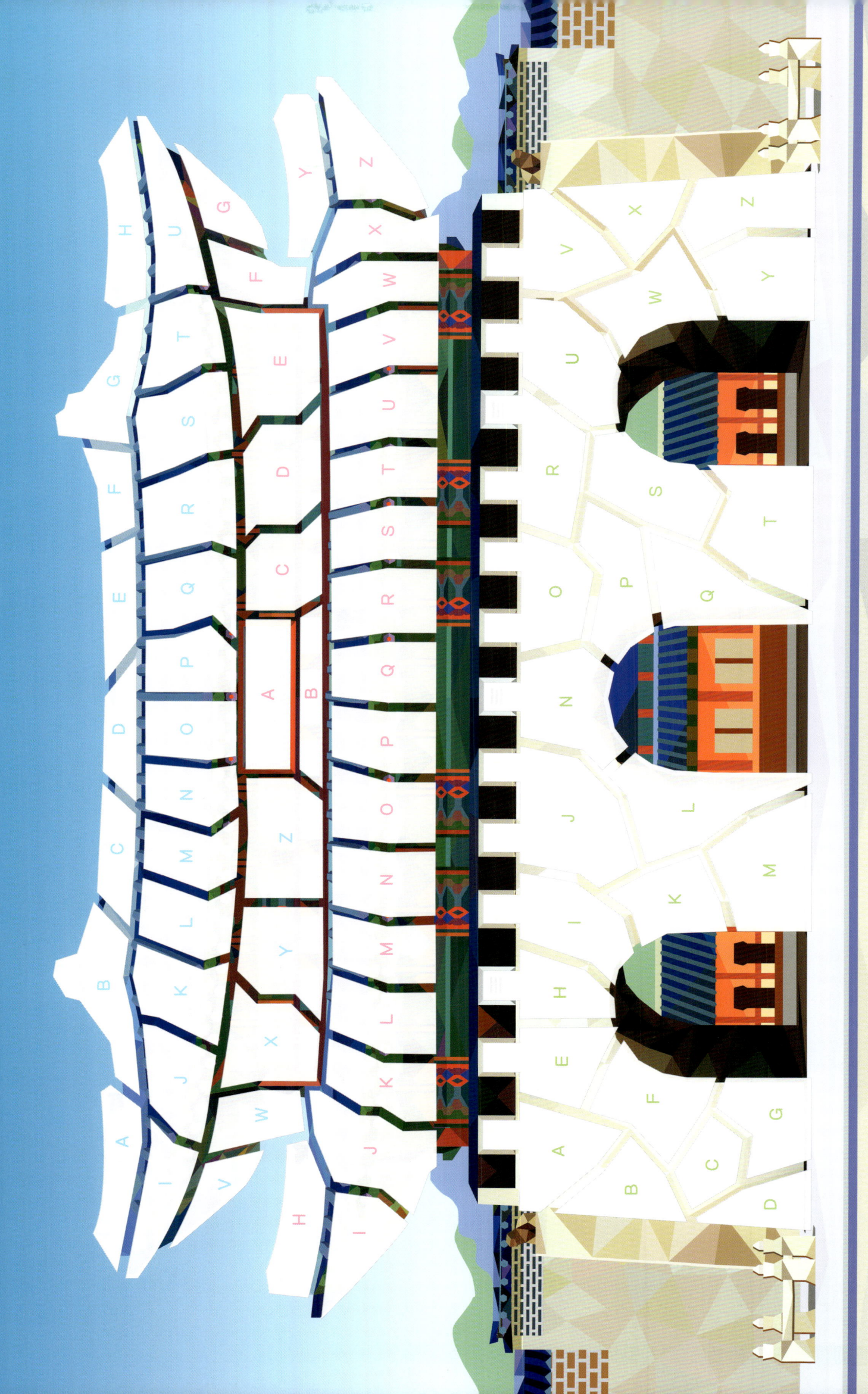

유럽

러시아
모스크바

성 바실리 대성당

러시아의 유명한 붉은 광장에 있는 러시아 정교회의 성당이다. 러시아 황제 이반 4세가 카잔한국을 정벌한 것을 기념해 세운 것으로 1561년 완공되었다. 17세기 밝은 색조를 사용하는 러시아 미술의 흐름에 따라 성당도 지금과 같이 밝은 색으로 칠해졌다. 알록달록한 중앙 탑과 아홉 개의 양파 모양 돔 지붕이 시선을 사로잡는다.

▶ 스티커는 47쪽

LANDMARK

LANDMARK

타워 브리지

영국 | 런던

여러 가지 방식이 혼합된 독특한 구조의 다리이다. 양 끝은 다리가 케이블로 탑에 매달린 현수교이고, 가운데는 배가 지나갈 수 있도록 위로 열리는 도개교이다. 배가 지나갈 때에도 사람들이 건널 수 있도록 위쪽에는 거대한 방식의 통행로를 만들었다. 내부의 박물관과 도개교의 원리를 알려 주는 기계실 견학이 가능하며, 통행로에서는 템스강의 멋진 전경을 구경할 수 있다.

▶ 스티커는 49쪽

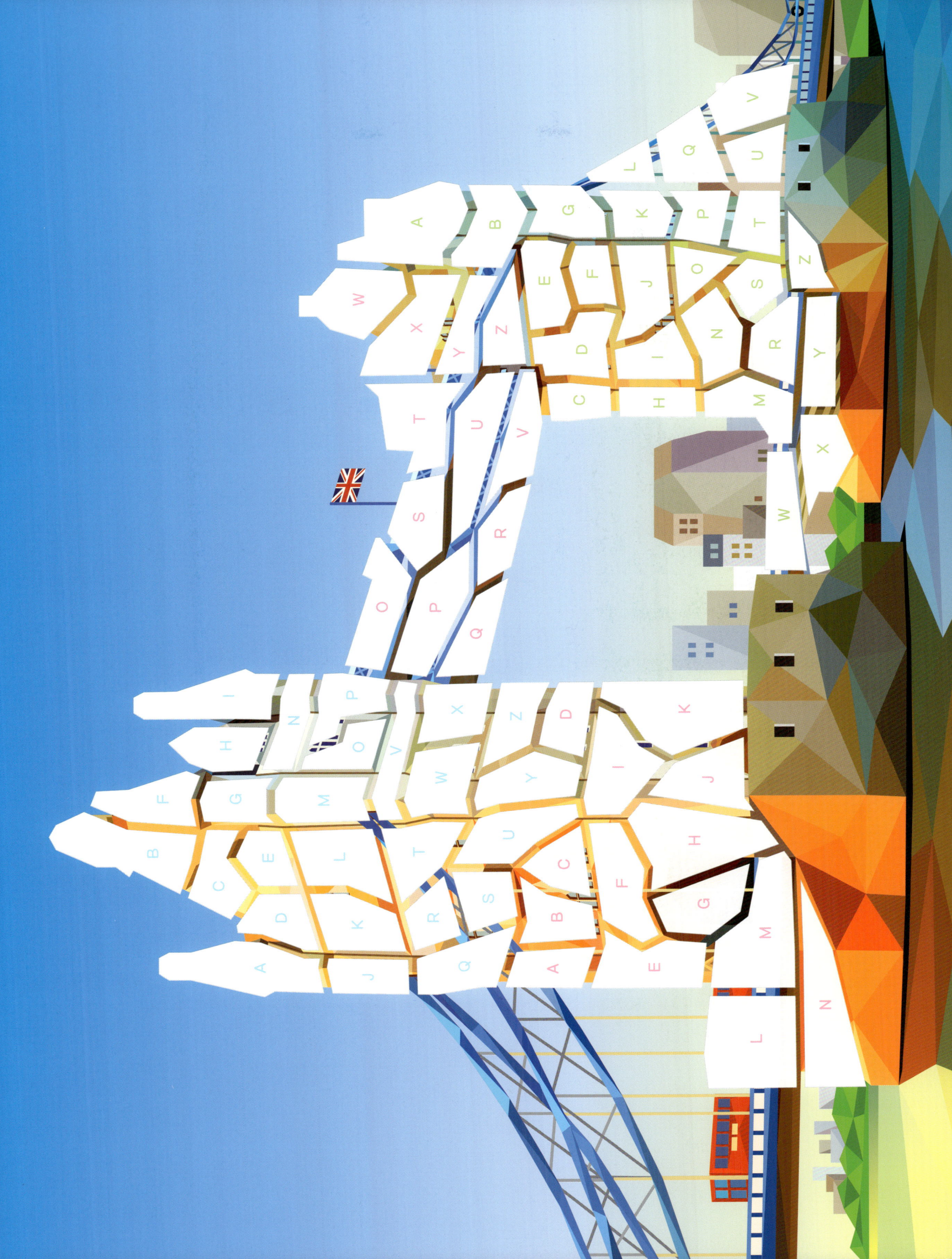

유럽

스페인

바르셀로나

사그라다 파밀리아 성당

스페인의 천재 건축가 안토니 가우디가 설계한 천주교 성당으로, 1882년에 착공하여 아직도 계속 짓고 있다. 매주 일요일 미사가 거행되며 평소에도 내부 관람이 가능하다. 파사드라고 불리는 거대한 출입구가 총 3개 있는데, 2개는 완공되었으며 1개는 아직 건설 중이다. 책에 나온 부분은 가우디가 생전에 직접 건축에 참여한 예수의 탄생 파사드이다.

▶ 스티커는 51쪽

LANDMARK

더 쉽고 멋지게 즐기는 Tip!

1 ABC 순서대로 스티커를 한 장씩 떼어 차례대로 붙이면 마음도 더욱 차분해지고 그림도 쉽게 완성할 수 있어요.

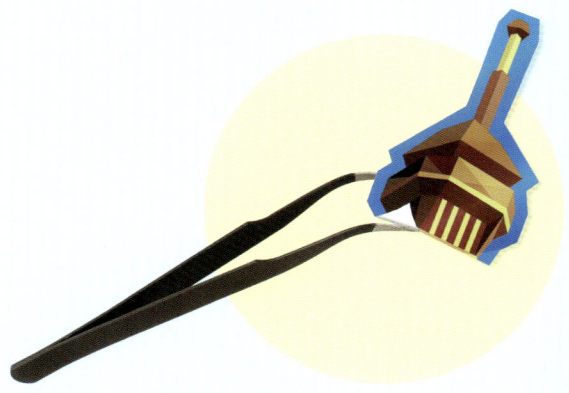

2 스티커 핀셋을 이용해 스티커를 떼어 내고, 그림에 붙이면 더 쉬워요.

여행 갈 준비됐나요?

에펠 탑

스핑크스와 피라미드

본문 그림 7쪽

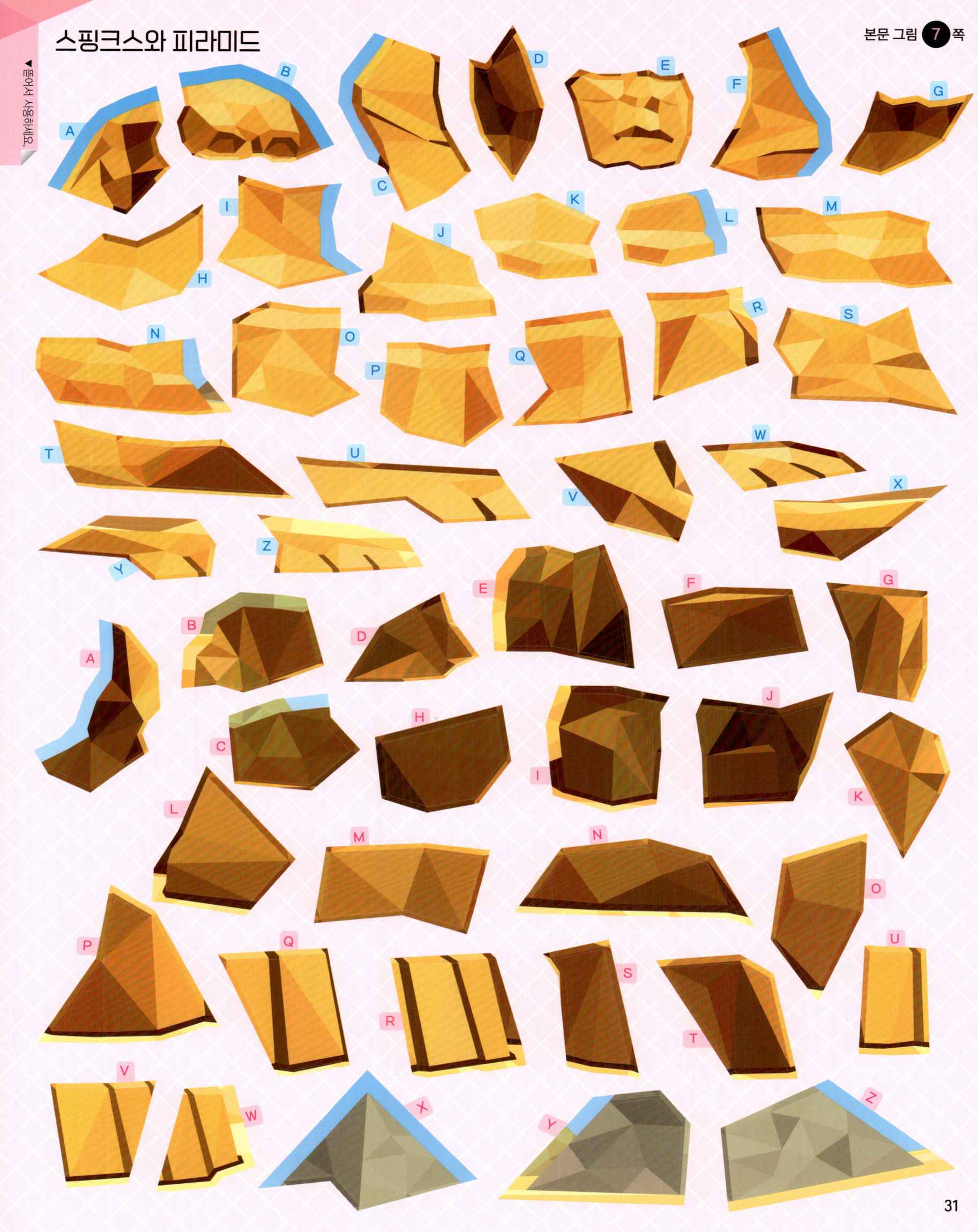

자유의 여신상

타지마할

만리장성

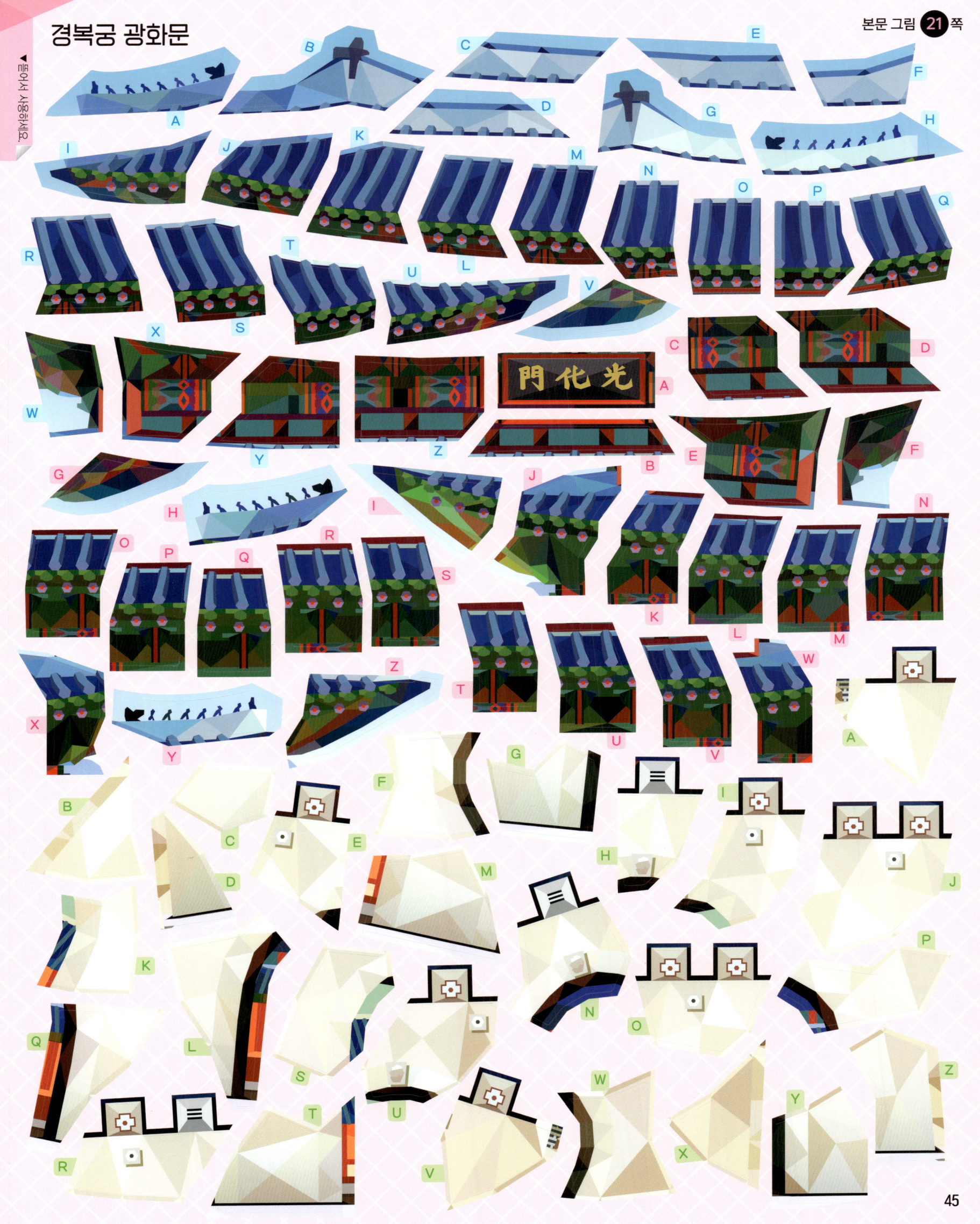

성 바실리 대성당

본문 그림 23쪽

타워 브리지